DAMPFGAREN

Ganz easy im Dämpfkorb

Autorin: Angelika Ilies | Fotos: Vivi D'Angelo

DIE GU-QUALITÄTS-GARANTIE

Wir möchten Ihnen mit den Informationen und Anregungen in diesem Buch das Leben erleichtern und Sie inspirieren, Neues auszuprobieren. Bei jedem unserer Bücher achten wir auf Aktualität und stellen höchste Ansprüche an Inhalt, Optik und Ausstattung. Alle Rezepte und Informationen werden von unseren Autoren gewissenhaft erstellt und von unseren Redakteuren sorgfältig ausgewählt und mehrfach geprüft. Deshalb bieten wir Ihnen eine 100 %ige Qualitätsgarantie.

Darauf können Sie sich verlassen:
Wir legen Wert darauf, dass unsere Kochbücher zuverlässig und inspirierend zugleich sind. Wir garantieren:
• dreifach getestete Rezepte
• sicheres Gelingen durch Schritt-für-Schritt-Anleitungen und viele nützliche Tipps
• eine authentische Rezept-Fotografie

Wir möchten für Sie immer besser werden:
Sollten wir mit diesem Buch Ihre Erwartungen nicht erfüllen, lassen Sie es uns bitte wissen! Wir tauschen Ihr Buch jederzeit gegen ein gleichwertiges zum gleichen oder ähnlichen Thema um. Nehmen Sie einfach Kontakt zu unserem Leserservice auf. Die Kontaktdaten unseres Leserservice finden Sie am Ende dieses Buches.

GRÄFE UND UNZER VERLAG
Der erste Ratgeberverlag – seit 1722.

KV

INHALT

TIPPS UND EXTRAS

6 SALATE UND ANDERE KLEINIGKEITEN

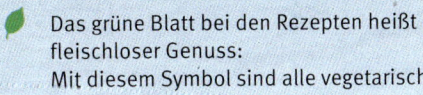

COVER-
REZEPT

26 HAUPTSACHE GEMÜSE

42 FLEISCH UND FISCH

Das grüne Blatt bei den Rezepten heißt
fleischloser Genuss:
Mit diesem Symbol sind alle vegetarischen
Gerichte gekennzeichnet.

VOLLE POWER – GAREN ÜBER DAMPF

Kochen, Braten, Dünsten war gestern. Dämpfen auch, allerdings ist diese Garmethode heute moderner denn je! Warum? Die Antwort gibt dieses kleine 1 × 1 des Dampfgarens.

Dämpfen ist leicht – und sorgt für leichten Genuss. Die Zutaten garen über kochender Flüssigkeit in dem dabei aufsteigenden Dampf. Aromen verflüchtigen sich nicht in die Luft, gesunde Inhaltsstoffe nicht ins Kochwasser. Eine Zugabe von Fett ist überflüssig. Und: Die Konsistenz, etwa von Fisch, bleibt optimal erhalten.

SIMPLES KNOW-HOW

So geht's: Etwas Flüssigkeit in einen ausreichend weiten und hohen Topf gießen und den befüllten Dämpfeinsatz hinein stellen. Die Flüssigkeit zum Kochen bringen, den Topf mit einem passenden Deckel verschließen und die Zutaten im heißen Dampf garen. Den Deckel zwischendurch nicht lüften, damit kein Dampf entweicht und der Garprozess nicht unterbrochen wird. Auch ist ausreichend starke Hitze nötig, damit wirklich Dampf entsteht. Aber der Deckel soll nicht »tanzen«, sich also nicht heben, sonst verkocht die Flüssigkeit.

FLÜSSIGKEIT ALS BASIS

Sie können Wasser oder Brühe zum Dämpfen nehmen. Aber auch Wein, Gemüse- oder Fruchtsaft eignen sich, gern auch mit Gewürzen und anderen Aromabeigaben versehen. Die Menge ist abhängig von der Topfbreite, dem verwendeten Einsatz, der Garzeit und davon, wie dicht der Deckel schließt. In der Regel sind 500 ml ausreichend, zumindest für eine Garzeit bis ca. 30 Minuten. Geben Sie zu wenig in den Topf, entsteht nicht ausreichend Dampf, auch könnte der Topfboden trocken werden und Schaden nehmen, oder Zutaten anbrennen. Zu viel Flüssigkeit ist Energieverschwendung, und die Zutaten im Dämpfeinsatz dürfen keinen direkten Kontakt damit haben, sonst laugen sie aus.

DER GEEIGNETE TOPF

Wirklich unverzichtbar ist ein gut schließender Deckel, damit sich ordentlich Dampf bildet. Bei der Höhe müssen es für unseren Dämpfkorb 14 cm oder mehr sein, damit zwischen Zutaten und aufgelegtem Deckel genug Platz ist und der Dampf gut zirkulieren kann. Der Durchmesser des benötigten Topfes ist abhängig vom jeweiligen Rezept und den Zutaten. Wollen Sie Gemüse für 4 Portionen dämpfen oder Filets flach ausbreiten, brauchen Sie einen Topf mit einem Durchmesser von mindestens 26 cm, damit der Garkorb komplett aufgefaltet hinein passt. Für kleinere Mengen und einen noch teilweise geschlossenen Korb reichen auch etwas kleinere Töpfe. Perfekt ist ein großer Pasta-Topf oder auch ein Wok mit hohem Deckel.

ACHTUNG HEISS!

Beim Kochen wird es heiß, das lernt jedes Kind, und das gilt natürlich auch fürs Dämpfen! Deshalb ist diese Reihenfolge am besten: Flüssigkeit in den Topf gießen, gefüllten Einsatz hineinstellen, die Flüssigkeit zum Kochen bringen und erst dann den Deckel auflegen. Ab diesem Moment beginnt die in den Rezepten genannte Garzeit. Beim Herausheben nach dem Dämpfen ist besondere Vorsicht geboten. Den Deckel am besten schräg vom Körper weg anheben und den Dampf entweichen lassen. Den Korb erst dann mit Topflappen herausheben. Sie können die gegarten Zutaten auch direkt mit einer Küchenzange auf einen Teller heben.

DIE GARZEITEN...

... sind ab dem Moment berechnet, sobald die Flüssigkeit im Topf sprudelnd kocht und der Deckel aufgelegt wird. Natürlich sind alle Angaben nur Richtwerte – sie können je nach Zutat deutlich variieren. Junges und zartes Gemüse ist schneller gar als älteres, dicke Fischfilets müssen länger in den Dampf als dünne etc. Und natürlich spielen auch persönliche Vorlieben eine Rolle: Der eine mag Gemüse bissfest, der andere weich. Und Beef kann rosa oder durchgegart auf den Tisch kommen.

VERSCHIEDENE GAREINSÄTZE

Unser Garkorb ist faltbar, Platz sparend, hübsch anzusehen, nichts klebt daran fest und er darf sogar in die Spülmaschine. Natürlich gibt es auch andere Gerätschaften zum Dämpfen. Faltbare Einsätze aus Metall ähneln unserem Garkorb, allerdings kleben Zutaten daran leicht fest. Flache Einsätze aus Silikon benötigen wenig Stauraum, sind jedoch an den Rändern instabil, da landen schon mal Zutaten ungewollt im heißen Wasser. Bambuskörbchen sind stapelbar, können aber Aromen annehmen und sollten nicht in die Spülmaschine. Bei diversen Topfserien gibt es exakt passende, gelöcherte Aufsätze. Sie bieten den Zutaten eine ebene Auflagefläche, sind aber teurer als Garkörbe. Und für Dämpf-Fans gibt es sogar spezielle Dampfgarer als Stand- oder Einbaugerät.

SALATE UND ANDERE KLEINIGKEITEN

Sie lieben es leicht? Perfekt! Hier kommen bunte Salate aus vitaminreichem Gemüse, das schonend und knackig gedämpft wurde. Pikante Törtchen, in Gläsern gegart und serviert. Oder asiatische Teigtaschen. Alles super für ein genüssliches Mahl zu Hause oder »to go« in der Lunchbox!

HÄHNCHENSALAT MIT CHINAKOHL

Beste Grüße aus Asien: zarter Kohl, mit kräftig mariniertem Fleisch kombiniert und mit Erdnüssen getoppt. Das lässt sich auch gut im Büro schlemmen!

2 EL Hoisinsauce (ersatzweise süße Sojasauce)
2 EL Sojasauce
1 EL Zitronensaft
1 TL Szechuan-Pfeffer
Salz
500 g Hähnchenbrustfilet (ohne Haut)
300 ml Geflügelbrühe
400 g Chinakohl
150 g Mungbohnensprossen
1 kleine rote Paprika
3 EL Rapsöl
1 TL gemahlener Kreuzkümmel
Pfeffer
etwas Koriandergrün
30 g geröstete, gesalzene Erdnusskerne

Auch zum Mitnehmen

Für 4 Personen |
20 Min. Zubereitung
Pro Portion ca. 330 kcal,
33 g E, 19 g F, 5 g KH

1 Hoisinsauce, Sojasauce, Zitronensaft, Szechuan-Pfeffer und etwas Salz verrühren. Die Hähnchenbrust abbrausen, trocken tupfen, in 1 cm große Würfel schneiden und damit marinieren. Die Geflügelbrühe in einen Topf (mind. 22 cm Ø) gießen, den Dämpfkorb hineinstellen, das Fleisch auf dem Dämpfkorb verteilen (Bild 1), die Brühe aufkochen, den Topf mit einem passenden Deckel verschließen und das Hähnchen ca. 5 Min. dämpfen (Bild 2).

2 Inzwischen den Chinakohl putzen, waschen, trocken schütteln und ohne den harten Strunk in schmale Streifen schneiden. Die Sprossen kalt abbrausen und gut abtropfen lassen. Die Paprikaschote halbieren, weiße Trennwände und Kerne entfernen, die Hälften waschen, trocken tupfen und in feine Streifen schneiden. Kohl, Sprossen und Paprika in einer Schüssel vermischen und das gedämpfte Hähnchen dazugeben.

3 Die Brühe im Topf bei starker Hitze etwas einkochen lassen. 4 EL davon mit dem Öl, Kreuzkümmel und etwas Pfeffer verrühren, abschmecken und über den Salat gießen (Bild 3). Das Koriandergrün waschen, trocken schütteln und grob hacken. Mit den Erdnusskernen über den Salat streuen.

TIPP

Szechuan-Pfeffer hat ein pfeffriges und leicht zitroniges Aroma. Sie können ihn auch durch Zitronenpfeffer ersetzen. Oder Sie nehmen schwarzen Pfeffer und etwas abgeriebene Zitronenschale oder gehackten Ingwer.

BOHNEN-BEEF-SALAT

400 g mageres Rindfleisch (Roastbeef oder Filet) | 2 Frühlingszwiebeln | 10 Stängel Koriandergrün | 1 EL Sesamöl | 2 EL Sojasauce | Salz | Pfeffer | 2 EL Sesamsamen | 400 g grüne Bohnen | 400 ml Gemüsebrühe | 150 g Mungbohnensprossen | 4 EL aromatischer Fruchtessig (z. B. Himbeere oder Brombeere)

Top für die Lunchbox

Für 4 Personen | 30 Min. Zubereitung
Pro Portion ca. 250 kcal, 28 g E, 11 g F, 7 g KH

1 Das Rindfleisch abbrausen, trocken tupfen, in 1 cm dicke Scheiben und diese in breite Streifen schneiden. Die Frühlingszwiebeln putzen, waschen und in schmale Ringe schneiden.

2 Das Koriandergrün waschen, trocken tupfen und hacken. Sesamöl, Sojasauce, Salz, Pfeffer und Sesam verrühren. Das Fleisch, die Frühlingszwiebeln und den Koriander untermengen.

3 Die Bohnen putzen und waschen, halbieren und auf dem Dämpfkorb verteilen. Die Brühe in einen weiten Topf (mind. 24 cm ∅) gießen, den Dämpfkorb hineinstellen. Die Brühe aufkochen, den Topf mit einem passenden Deckel verschließen und die Bohnen ca. 8 Min. dämpfen.

4 Die Mungbohnensprossen in ein Sieb geben, kalt abbrausen, abtropfen lassen und auf die Bohnen geben. Das Fleisch mit der Marinade darauf verteilen. Die Brühe erneut aufkochen, den Topfdeckel schließen und alles weitere 3–4 Min. dämpfen. Den Dämpfkorb vorsichtig aus dem Topf heben, die Zutaten in eine Schüssel umfüllen, mit dem Essig beträufeln und lauwarm oder kalt servieren.

SPARGELSALAT MIT RADICCHIO

750 g weißer Spargel (nicht zu dicke Stangen) | Salz | 1 TL Zucker | 30 g Pinienkerne | 1 Kopf Radicchio | 10 Kirschtomaten | 150 g Mozzarellabällchen | 2 EL Aceto balsamico bianco | 2 EL Himbeeressig | Pfeffer | 1 EL Agavendicksaft | 6 EL aromatisches Olivenöl

Nicht nur für Italo-Fans

Für 4 Personen | 40 Min. Zubereitung
Pro Portion ca. 335 kcal, 11 g E, 27 g F, 11 g KH

1 Spargel waschen, frisch anschneiden und schälen. Alle Abschnitte in einen weiten Topf (mind. 24 cm ⌀) geben, 500 ml Wasser angießen, salzen, zuckern und zugedeckt 10 Min. köcheln lassen. Die Pinienkerne anrösten und auskühlen lassen.

2 Den Spargel in mundgerechte Stücke schneiden. Spargelspitzen beiseitelegen, den Rest auf dem Dämpfkorb verteilen. Den Einsatz in den Topf stellen, den Topf mit einem passenden Deckel verschließen und den Spargel ca. 5 Min. dämpfen. Die Spargelspitzen dazugeben und alles weitere 5 Min. bissfest dämpfen.

3 Inzwischen den Radicchio in die Blätter zerlegen, waschen, putzen und kleiner zupfen oder in Streifen schneiden. Die Tomaten waschen und halbieren. Den Mozzarella abtropfen lassen.

4 Beide Essigsorten mit Salz, Pfeffer und Agavendicksaft verrühren und das Olivenöl unterquirlen. 2 – 3 EL Spargelsud unterrühren und das Dressing abschmecken. Spargel, Radicchio, Tomaten und Mozzarella mit dem Dressing mischen. Mit den Pinienkernen bestreuen.

TOPINAMBUR-KARTOFFEL-SALAT

350 ml Gemüsebrühe | 500 g festkochende Kartoffeln (ersatzweise vorwiegend festkochend) | Salz | Pfeffer | 500 g Topinambur | 3 EL Weißweinessig | 2 TL mittelscharfer Senf | 3 EL Olivenöl | 1 Bund Schnittlauch | 1 Kästchen Kresse | 100 g zarte Salatblätter (z. B. Baby-Blattspinat, junger Mangold oder Rucola)

Für Lunchbox und Grillfest

Für 4 Personen | 30 Min. Zubereitung
Pro Portion ca. 180 kcal, 5 g E, 8 g F, 20 g KH

1 Die Brühe in einen Topf (mind. 20 cm ⌀) gießen und den Dämpfkorb hineinstellen. Die Kartoffeln schälen, waschen und in 2 cm große Würfel schneiden, auf den Dämpfkorb geben und mit etwas Salz und Pfeffer würzen. Die Brühe aufkochen, den Topf mit einem passenden Deckel schließen und die Kartoffeln ca. 8 Min. dämpfen.

2 Inzwischen die Topinambur schälen und würfeln. Nach Ablauf der Garzeit zu den Kartoffeln geben und alles weitere 6 – 7 Min. zugedeckt über kochender Brühe dämpfen, bis die Topinambur bissfest ist, ggf. Brühe nachgießen.

3 Aus Essig, Senf, Salz, Pfeffer und Öl ein Dressing rühren. Den Schnittlauch waschen, trocken schütteln und in feine Röllchen schneiden. Die Kresse vom Beet schneiden, in ein Sieb geben, abbrausen und trocken tupfen.

4 Kartoffeln und Topinambur sowie je die Hälfte von Schnittlauch und Kresse mit dem Dressing vermengen. Die Salatblätter waschen, verlesen, trocken schleudern und auf einer Platte verteilen. Den Topinambur-Kartoffel-Salat abschmecken und auf dem Salatbett anrichten. Mit dem restlichen Schnittlauch und der übrigen Kresse bestreuen.

SPITZKOHL-APFEL-SALAT

1 kleiner Spitzkohl (ca. 500 g) | 150 g Joghurt (3,5 % Fett) | 1 Pck. TK-Kräuter »Italienische Art« | 2 EL Sesamöl | 1 EL Ahornsirup | Salz | Pfeffer | 2 rotschalige Äpfel | 2 EL geröstete Sesamsamen

Perfekte Grill-Beilage

Für 4 Personen | 20 Min. Zubereitung
Pro Portion ca. 165 kcal, 5 g E, 11 g F, 11 g KH

1 Den Spitzkohl putzen, Strunk und äußere Blätter entfernen. Den Kohl vierteln, den Mittelstrunk herausschneiden und die Viertel quer in schmale Streifen schneiden. Auf dem Dämpfkorb verteilen.

2 300 ml Wasser in einen Topf (mind. 20 cm ⌀) gießen und den Dämpfkorb hineinstellen. Das Wasser aufkochen, den Topf mit einem passenden Deckel verschließen und den Kohl 8 Min. dämpfen.

3 Inzwischen in einer Schüssel den Joghurt mit den Kräutern, dem Öl, Sirup, Salz und Pfeffer verrühren. Die Äpfel waschen, trocken reiben, vierteln und entkernen, die Viertel quer in Scheiben schneiden und sofort mit dem Dressing mischen.

4 Den Spitzkohl aus dem Topf heben, mit dem Dressing und den Äpfeln mischen. Den Salat abschmecken und mit den Sesamsamen bestreuen.

TIPP

Wenn es keinen Spitzkohl gibt, nehmen Sie dessen großen Bruder, den herkömmlichen Weißkohl. Der ist etwas derber in der Struktur, aber ebenfalls voller Vitamine und Aroma und sollte etwa 10 Min. gedämpft werden.

RUCOLA-RICOTTA-BÄLLCHEN MIT TOMATENSAUCE

Italien lässt grüßen: Mit sanftem Frischkäse, mundgerecht verarbeitet und über würziger Tomatensauce gedämpft, die später sein feines Aroma abrundet.

75 g Parmesan am Stück
250 g Ricotta
3 Eier (M)
1 TL abgeriebene
Bio-Zitronenschale
60 g Hartweizengrieß
60 g Semmelbrösel
Salz | Pfeffer
75 g Rucola
1 große Zwiebel
2 EL Olivenöl
1 Dose geschälte gehackte
Tomaten (400 g)
1–2 TL getrockneter Thymian
Außerdem:
Semmelbrösel zum Binden
nach Bedarf

Ganz schön veggie! 🌿

Für 6 Personen |
30 Min. Zubereitung |
30 Min. Dämpfen
Pro Portion ca. 285 kcal, 15 g E,
16 g F, 21 g KH

1 Etwa 50 g Parmesan fein reiben, den Rest grob reiben oder in Späne hobeln. In einer Schüssel den fein geriebenen Parmesan mit Ricotta und den Eiern verrühren. Die Zitronenschale, Grieß und Semmelbrösel, Salz und Pfeffer zugeben und unterrühren. Zum Quellen etwa 20 Min. zugedeckt kalt stellen.

2 Inzwischen den Rucola verlesen, waschen und trocken schleudern. 50 g Rucola sehr fein hacken, den Rest auf dem Dämpfkorb ausbreiten. Die Zwiebel schälen und fein würfeln. Das Olivenöl in einen weiten Topf (mind. 24 cm ⌀) geben, erhitzen und die Zwiebeln darin leicht anbraten. Die Tomaten aus der Dose samt Saft und zusätzlich ca. 125 ml Wasser dazugeben, mit Salz, Pfeffer und Thymian würzen.

3 Den gehackten Rucola unter den Ricottateig rühren. Mit feuchten Händen zu etwa 12 tischtennisballgroßen Kugeln formen – bei Bedarf noch etwas Semmelbrösel zum Teig geben. Die Hälfte der Bällchen auf dem Dämpfkorb verteilen und diesen in den Topf mit der Tomatensauce stellen. Aufkochen, den Topf mit einem passenden Deckel verschließen, die Bällchen 15 Min. dämpfen.

4 Den Dämpfkorb vorsichtig aus dem Topf heben, die fertigen Bällchen im Ofen bei 50° Umluft zugedeckt warm halten. Die Sauce mit 50 – 100 ml Wasser aufgießen und die übrigen Bällchen ebenfalls 15 Min. dämpfen. Die Bällchen mit der Tomatensauce anrichten und mit dem grob geriebenen Parmesan bestreuen.

CHAMPIGNONS »CAPRESE«

125 g feste Tomaten | 70 g Mozzarella | 4 Stängel Basilikum | Salz | Pfeffer | 1 EL Aceto balsamico | 1 EL Olivenöl | 4 Riesenchampignons (ca. 300 g) | 1 Hand voll Rucola

Kulinarisches Italo-Feeling

Für 4 Personen | 30 Min. Zubereitung
Pro Portion ca. 90 kcal, 6 g E, 6 g F, 2 g KH

1 Die Tomaten waschen, trocken tupfen, mit einem Messser halbieren und die Stielansätze herausschneiden. Die Kerne entfernen und das Tomatenfruchtfleisch in kleine Würfel schneiden. Den Mozzarella abtropfen lassen und in kleine Würfel oder Stücke schneiden.

2 Das Basilikum waschen, trocken schütteln, die Blättchen von den Stielen zupfen und in feine Streifen schneiden. Mit den Tomaten und dem Mozzarella sowie mit Salz, Pfeffer, Essig und dem Olivenöl vermischen und abschmecken.

3 Die Champignons mit einem feuchten Tuch abreiben. Die Stiele vorsichtig herausdrehen, grob hacken, in einen weiten Topf (mind. 26 cm ⌀) geben und mit ca. 400 ml Wasser auffüllen. Die Pilzhüte mit der Tomatenmischung füllen.

4 Die gefüllten Pilze auf den Dämpfkorb setzen und in den Topf stellen. Das Pilz-Wasser zum Kochen bringen, den Topf mit einem passenden Deckel schließen und die Pilze ca. 10 Min. dämpfen. Inzwischen den Rucola verlesen, waschen und etwas kleiner zupfen. Auf einer Servierplatte verteilen, die fertig gegarten Champignons daraufsetzen und sofort servieren.

GEFÜLLTE SPITZPAPRIKA

1 EL Pinienkerne | 4 Zweige Basilikum | 2 Zweige Thymian | 1 Schalotte | 150 g Ricotta | 2 EL Joghurt (1,5 % Fett) | Salz | Pfeffer | geräuchertes oder edelsüßes Paprikapulver | 2 rote Spitzpaprika (zusammen ca. 200 g) | 1 Zwiebel | 3 Knoblauchzehen | 1 kleiner Kopf Eisbergsalat | 4 EL Aceto balsamico | 4 EL Olivenöl

Pures Sommerfeeling

Für 4 Personen | 30 Min. Zubereitung
Pro Portion ca. 220 kcal, 5 g E, 18 g F, 10 g KH

1 Die Pinienkerne in einer Pfanne ohne Fett unter gelegentlichem Wenden goldbraun rösten, herausnehmen, abkühlen lassen und grob hacken. Die Kräuter waschen und trocken schütteln. Das Basilikum in feine Streifen schneiden, die Thymianblättchen von den Zweigen streifen. Die Schalotte schälen und fein hacken.

2 Alles mit Ricotta und Joghurt verrühren und mit Salz, Pfeffer und Paprikapulver abschmecken. Die Paprikaschoten längs halbieren, weiße Trennwände und Kerne entfernen, die Hälften waschen und trocken tupfen. Mit der Kräutercreme füllen und auf den Dämpfkorb setzen.

3 Die Zwiebel und die Knoblauchzehen ungeschält in Scheiben schneiden. Mit 400 ml Wasser in einen weiten Topf (mind. 26 cm ⌀) geben, den Dämpfkorb hineinstellen, die Flüssigkeit aufkochen, den Topf mit einem passenden Deckel verschließen und die Paprika ca. 12 Min. dämpfen.

4 Den Eisbergsalat waschen, den Strunk und die äußeren Blätter entfernen. Den Kopf vierteln, je ein Viertel auf einen Teller setzen, mit Essig und Öl beträufeln, salzen und pfeffern. Je eine gefüllte Paprikahälfte daneben platzieren.

WAN-TAN MIT HÄHNCHENFÜLLUNG

Der Klassiker aus der chinesischen Küche ist ganz einfach nachzukochen, da es den Teig
dafür tiefgefroren in jedem Asienladen zu kaufen gibt.

1 Paket TK-Wan-Tan-Teigblätter
(ca. 9 cm groß,
insgesamt 250 g, ersatzweise
Filo- oder Strudelteig)
20 g Ingwer
1 kleine Knoblauchzehe
6 Stängel Koriandergrün
2 Frühlingszwiebeln
175 g Hähnchenbrustfilet
(ohne Haut)
1 kleine Dose Maiskörner
(140 g Abtropfgewicht)
1 TL 5-Gewürze-Pulver
1 Msp. Chilipulver
2 EL Sojasauce
1 Eiweiß (M)
500 ml Geflügelbrühe
Außerdem:
Koriandergrün zum Bestreuen
Chili- oder Sojasauce
zum Servieren

**Klassisches
wunderbar wandelbar**

Für 4 Personen |
50 Min. Zubereitung
Pro Portion ca. 280 kcal, 18 g E,
3 g F, 43 g KH

1 Die Teigblätter zugedeckt auftauen. Ingwer und Knoblauch schälen und fein hacken. Koriander waschen, trocken schütteln und hacken. Frühlingszwiebeln putzen, waschen und längs vierteln, dann quer in sehr feine Scheiben schneiden. Das Hähnchenbrustfilet kalt abbrausen, trocken tupfen und sehr fein würfeln. Den Mais abtropfen lassen. Alles bis auf die Teigblätter mit 5-Gewürze-Pulver, Chilipulver und Sojasauce vermischen.

2 4 Teigblätter vom Stapel lösen (den Rest verpackt lassen), ausbreiten und an den Rändern mit verquirltem Eiweiß einpinseln. Je 1 TL Füllung mittig darauf geben, die Ränder nach oben nehmen und zusammendrücken. Oder eine Teighälfte über die andere schlagen, die Ränder andrücken und den Teigling halbrund formen. Die übrigen Teigblätter ebenso füllen.

3 Einige Teigtaschen in den Dämpfkorb setzen, sie sollen einander nicht berühren. Die Brühe in einen Topf (mind. 24 cm ∅) gießen, den Dämpfkorb hineinstellen, die Brühe aufkochen, den Topf mit einem Deckel verschließen und die Wan-Tan ca. 8 Min. dämpfen. Nach und nach alle Teigtaschen garen, fertige zugedeckt warm halten. Bei Bedarf 50 – 100 ml Wasser zum Dämpfen nachgießen. Die Wan-Tan mit Koriandergrün garnieren und mit Chili- oder Sojasauce servieren.

TIPP

Die Teigblätter sind hauchdünn und meist quadratisch, gelegentlich auch rund mit 8 – 10 cm Durchmesser. Wer sie nicht bekommt, kann sie selbst herstellen: Aus 250 g Mehl, 2 Eiern (M), 1 TL Salz und einigen Tropfen Wasser einen glatten Teig kneten, 30 Min. ruhen lassen und sehr dünn ausrollen.

FILO-SÄCKCHEN MIT SOJADIP

Crossover vom Feinsten. Fertig gekaufter Filoteig bildet die Basis, Hackfleisch kommt als Füllung hinein und dazu gibt's einen asiatischen Dip.

Für die Filo-Säckchen:
1 Zwiebel | 1 kleine Möhre
½ Stange Staudensellerie
1 EL Olivenöl
200 g Rinderhackfleisch
3 EL Tomatenmark
Salz | Pfeffer
½ TL gemahlener
Kreuzkümmel
50 ml Sojasauce
1 Paket Filoteig (ca. 250 g;
10 Blätter à ca. 30 × 30 cm)
4 Blätter Chinakohl
(ersatzweise Römersalat)
Für den Dip:
4 Stängel Thai-Basilikum
(ersatzweise Minze)
25 g geröstete, gesalzene
Cashewkerne
½ TL abgeriebene
Bio-Zitronenschale
3 – 4 EL Zitronensaft
100 ml Sojasauce
2 EL Sojaöl | Pfeffer

Italo-Asiatisches Crossover

Für 4 Personen |
45 Min. Zubereitung
Pro Portion ca. 515 kcal, 20 g E,
33 g F, 31 g KH

1 Zwiebel und Möhre schälen, den Sellerie putzen und waschen. Alles in sehr feine Würfel schneiden. Das Olivenöl erhitzen und das Gemüse leicht anbraten. Das Hackfleisch zugeben und krümelig braten. Mit 4 – 5 EL Wasser ablöschen, Tomatenmark, Salz, Pfeffer und Kreuzkümmel einrühren und das Ragout 20 Min. köcheln, dann abkühlen lassen (es soll recht trocken sein).

2 Den Filoteig entrollen. Ein Teigblatt vorsichtig abheben und doppelt falten, sodass drei Lagen Teig übereinander liegen. Den so entstandenen Streifen in 3 Quadrate schneiden. Jeweils 1 TL der Hackfleischmasse mittig auf die Teigquadrate setzen. Die Ränder mit Wasser bepinseln, hochnehmen und zusammendrehen, sodass kleine Säckchen entstehen. Auf dieselbe Weise nach und nach 30 Säckchen formen.

3 Den Chinakohl putzen, waschen und in schmale Streifen schneiden. Den Dämpfkorb damit belegen, damit die Säckchen nicht festkleben. Einige Säckchen mit etwas Abstand zueinander daraufsetzen. 400 ml Wasser und die Sojasauce in einen weiten Topf (mind. 24 cm ⌀) gießen, den Dämpfkorb hineinstellen, das Wasser aufkochen, den Topf mit einem passenden Deckel verschließen und die Säckchen ca. 10 Min. dämpfen.

4 Nach und nach alle Teigsäckchen dämpfen, bei Bedarf Wasser nachgießen, fertige Säckchen warm halten. Für den Dip das Basilikum waschen, trocken schütteln und hacken. Cashewkerne fein hacken. Alles mit Zitronenschale, -saft, Sojasauce, Öl und Pfeffer verrühren. Dip und Chinakohl zu den Säckchen servieren.

TORTILLA IM GLAS

70 g TK-Erbsen | 300 g festkochende Kartoffeln |
3 Eier (M) | 100 ml Milch | ½ TL geräuchertes
Paprikapulver | Salz | Pfeffer | 4 rohe, geschäl-
te Garnelen | 4 hitzebeständige Gläser
(à ca. 140 ml Inhalt, ersatzweise Tassen)

Klassiker auf neue Art

Für 4 Personen | 45 Min. Zubereitung
Pro Portion ca. 150 kcal, 14 g E, 6 g F, 11 g KH

1 Die Erbsen auftauen. Die Kartoffeln schälen,
waschen und 2 cm groß würfeln. In den Dämpfkorb
geben, in einen Topf (mind. 24 cm Ø) mit etwas
Wasser stellen. Das Wasser zum Kochen bringen,
den Topf mit einem passenden Deckel verschließen und die Kartoffeln ca. 12 Min. dämpfen.

2 Dämpfkorb und Wasser im Topf belassen. Die
gedämpften Kartoffeln vorsichtig herausheben, zusammen mit den Erbsen in die Gläser verteilen. In
einem Schälchen die Eier gründlich mit der Milch,
dem Paprikapulver, Salz und Pfeffer verquirlen. In
die Gläschen verteilen. Die Garnelen waschen, trocken tupfen und obenauf legen.

3 Die Gläschen auf den Dämpfkorb stellen, das
Wasser erneut aufkochen und die Tortillas 8 Min.
zugedeckt dämpfen. Die Gläschen vorsichtig herausheben (Achtung, sehr heiß!).

TIPP
**Dazu schmeckt leicht scharfe Paprika-Salsa.
Dafür 1 Zwiebel schälen, 1 Paprika putzen und
waschen. Beides kleinwürfeln und in 1 EL Olivenöl andünsten. Mit Salz, Pfeffer und Chiliflocken würzen, zugedeckt bei schwacher Hitze
etwa 10 Min. dünsten und mit 2 EL Rotwein-
essig abschmecken.**

BASILIKUM-KÄSE-EIER IM GLAS

weiche Butter für die Gläser | 1 Bund Basilikum | 70 g Parmesan | 2 weiche getrocknete Tomaten | 4 Eier (M) | Salz | Pfeffer | 150 g Joghurt (3,5 %) | 150 g Ricotta | 4 hitzebeständige Gläser (à ca. 140 ml Inhalt, ersatzweise Tassen)

Würzig und sanft 🌿

Für 4 Personen | 25 Min. Zubereitung
Pro Portion ca. 295 kcal, 17 g E, 23 g F, 4 g KH

1 Die Gläser ausbuttern. Basilikum waschen und trocken schütteln, einige Blättchen beiseitelegen, den Rest hacken. Den Parmesan in kleine Würfel, die Tomaten in feine Streifen schneiden.

2 In jedes Glas 1 TL Basilikum und je ¼ der Käsewürfel und Tomatenstreifen geben. Die Eier behutsam einzeln aufschlagen und je ein Ei in ein Glas gleiten lassen. Mit Salz und Pfeffer würzen.

3 Den Dämpfkorb in einen Topf (mind. 24 cm ⌀) mit etwas Wasser setzen und die Gläschen daraufstellen. Das Wasser zum Kochen bringen, den Topf mit einem passenden Deckel schließen und die Basilikum-Käse-Eier 8 – 10 Min. dämpfen.

4 Inzwischen das restliche gehackte Basilikum mit Joghurt und Ricotta verrühren und mit Salz und Pfeffer abschmecken. Die Eier in den Gläschen vorsichtig aus dem Topf nehmen, auf Teller gleiten lassen und evtl. halbieren. Alles mit Basilikum garnieren und die Basilikumcreme dazu reichen.

TIPP

Die Eier lassen sich auch gut mit Tomatensauce statt mit Basilikumcreme kombinieren. Am besten natürlich mit einer selbst gekochten – eine gute Fertigsauce aus dem Glas oder aus dem Kühlregal geht aber natürlich auch.

BROKKOLITÖRTCHEN MIT KURKUMACREME

Die sanften Törtchen garen im Dampf heißer Brühe, und diese ist später die Basis für die leuchtend-leckere Sauce mit dem Extrakick Gesundheit.

300 g Brokkoli
500 ml Gemüsebrühe
weiche Butter für die Förmchen
6 kleine Kirschtomaten
(ca. 60 g)
2 Eier (M)
150 g Schmand
40 g geröstete, gesalzene
Cashewkerne
Salz | Pfeffer
Chilipulver
2 EL Instant-Haferflocken
1 TL gemahlene Kurkuma
Außerdem:
4 feuerfeste Förmchen
(z. B. 4 cm hoch, 8 cm ∅)

Asiatisch fein

Für 4 Personen |
45 Min. Zubereitung
Pro Portion ca. 295 kcal, 9 g E,
20 g F, 10 g KH

1 Den Brokkoli putzen, waschen, in Röschen zerteilen, die Stiele schälen und den Brokkoli auf den Dämpfkorb geben. Die Brühe in einen Topf (mind. 24 cm ∅) gießen, den Einsatz mit dem Brokkoli hineinstellen. Die Brühe aufkochen, den Topf mit einem passenden Deckel schließen und den Brokkoli ca. 10 Min. dämpfen.

2 Inzwischen die Förmchen mit weicher Butter auspinseln. Die Tomaten waschen, halbieren und mit den Schnittflächen nach unten in die Förmchen legen. Den Dämpfkorb aus dem Topf heben. 200 g Brokkoli in eine Schüssel geben und pürieren, den Rest zum Garnieren beiseitestellen. Die Eier und 50 g Schmand unterrühren. Die Cashewkerne grob hacken, 1 – 2 EL davon beiseitestellen, den Rest unter das Brokkolipüree ziehen. Mit Salz, Pfeffer und Chilipulver würzen und in die Förmchen verteilen.

3 Den Dämpfkorb wieder in den Topf stellen, die Förmchen hineinsetzen. Die Brühe wieder aufkochen, den Deckel auflegen und die Brokkolitörtchen ca. 15 Min. dämpfen. Den Dämpfkorb vorsichtig aus dem Topf heben und zugedeckt beiseitestellen. Den Sud im Topf in einen Messbecher umfüllen, 150 ml abmessen und zurück in den Topf gießen. Den übrigen Schmand zugeben, unterrühren und aufkochen.

4 Die Haferflocken mit einem Schneebesen unter den Sud rühren. Die Sauce mit Salz, Pfeffer und Kurkuma würzen und unter gelegentlichem Rühren 1 – 2 Min. sämig kochen lassen. Die Brokkolitörtchen in den Formen servieren, mit beiseitegestelltem Brokkoli und Cashewkernen garnieren und mit Sauce beträufeln.

HAUPTSACHE GEMÜSE

Nicht erst dank des Veggie-Booms steht Gemüse bei mir oft im Mittelpunkt.
Besonders gern mag ich, wenn es knackig, leuchtend und voll mit gesunden Inhalts-
stoffen auf den Tisch kommt. Pur oder als Beilage, gefüllt oder mit einer herzhaften
Sauce kombiniert, die ich oft im selben Topf aus der Flüssigkeit zubereite, die bereits
für den heißen Dampf sorgte.

SIZILIANISCHES ORANGEN-GEMÜSE

1 Bio-Orange | 1 kleine Aubergine | 1 Zucchino |
1 kleine gelbe Paprika | 2 Zwiebeln | 2 Zweige
Majoran | 30 g kleine Rosinen | Salz | Pfeffer |
30 g Pinienkerne | 300 ml Gemüsebrühe | 2 EL
aromatisches Olivenöl | Orangenscheiben zum
Garnieren

Feinstes Mittelmeer-Feeling 🌿

Für 4 Personen | 30 Min. Zubereitung
Pro Portion ca. 160 kcal, 3 g E, 10 g F, 13 g KH

1 Die Orange heiß abwaschen, trocken tupfen
und 1 TL Schale fein abreiben. Die Orange mit dem
Messer schälen, sodass keine weiße Fruchthaut
mehr anhängt, und die Filets auslösen.

2 Aubergine, Zucchino und Paprikaschote waschen und putzen, Zwiebeln schälen. Aubergine
und Zucchino in dicke Streifen, Zwiebeln und Paprika in dünnere Streifen schneiden. Das Gemüse
auf dem Dämpfkorb verteilen. Den Majoran waschen, die Blättchen abzupfen und mit den Oran-
genfilets und Rosinen zum Gemüse geben. Alles
mit Orangenschale, Salz und Pfeffer würzen.

3 In einem Topf (mind. 22 cm ∅) die Pinienkerne
goldbraun rösten, dann herausnehmen. Die Brühe
in den Topf gießen, den Dämpfkorb hineinstellen.
Die Brühe aufkochen, den Topf mit einem Deckel
verschließen und das Gemüse ca. 8 Min. bissfest
dämpfen. Zum Servieren in einer Schale anrichten,
mit Olivenöl beträufeln, mit Pinienkernen bestreuen und mit Orangenscheiben garnieren.

ASIA-GEMÜSE

350 g Mini-Pak Choi | 2 Frühlingszwiebeln | 1 kleine rote Chilischote | 100 g kleine feste Champignons | 125 g Mungbohnensprossen | 350 ml Gemüsebrühe | 3 EL Sojasauce | 1 TL brauner Zucker | 1 TL 5-Gewürze-Pulver | Salz | Pfeffer | 2 EL Sesamöl | 30 g geröstete gesalzene Cashewkerne

Toller Begleiter zu Chickenwings

Für 4 Personen | 25 Min. Zubereitung
Pro Portion ca. 130 kcal, 5 g E, 7 g F, 7 g KH

1 Den Pak Choi putzen, waschen und in 3 cm breite Streifen schneiden. Die Frühlingszwiebeln putzen, waschen und in feine Ringe schneiden. Die Chilischote halbieren, entkernen, waschen und in sehr feine Streifen schneiden. Die Champignons putzen und halbieren. Die Mungbohnensprossen abbrausen und abtropfen lassen.

2 Die Brühe in einen Topf (mind. 22 cm ∅) gießen, den Dämpfkorb hineinstellen. Pak Choi, Frühlingszwiebeln und Chili darauf verteilen. Mit Sojasauce beträufeln, mit Zucker und 5-Gewürze-Pulver bestreuen. Die Brühe zum Kochen bringen, den Topf mit einem passenden Deckel verschließen und das Gemüse 5 Min. dämpfen.

3 Champignons und Mungbohnensprossen mit in den Dämpfkorb geben, wieder zudecken, aufkochen und das Gemüse weitere 5 Min. bissfest dämpfen. Zum Servieren in eine Schüssel geben, abschmecken, mit Sesamöl beträufeln und mit Cashewkernen bestreuen.

CURRY-BLUMENKOHL MIT GURKENCREME

Wussten Sie, dass die Hüllblätter vom Blumenkohl nicht nur essbar sind, sondern viel Aroma darin steckt? Zum Kennenlernen wandern sie hier mit in den Dämpfsud.

2–3 TL gelbe Currypaste
350 ml Gemüsebrühe
Salz | Pfeffer
1 Blumenkohl (mit Hüllblättern; ca. 1 kg)
50 g getrocknete Aprikosen
50 g getrocknete Feigen
50 g getrocknete Cranberrys
1 Bund glatte Petersilie
½ Salatgurke
250 g Quark (20 % Fett)
150 g Joghurt (3,5 % Fett)
2–3 EL Zitronensaft

Leicht scharfer Veggie-Genuss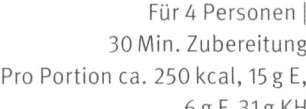

Für 4 Personen |
30 Min. Zubereitung
Pro Portion ca. 250 kcal, 15 g E,
6 g F, 31 g KH

1 Die Currypaste mit 4–5 EL Brühe verrühren und mit Salz und Pfeffer würzen. Die restliche Gemüsebrühe in einen weiten Topf (mind. 24 cm ∅) gießen. Den Blumenkohl waschen und putzen. Einige Hüllblätter grob zerschneiden und in die Brühe im Topf geben. Den Blumenkohlkopf in Röschen teilen. Die Aprikosen und die Feigen halbieren, harte Stielansätze ggf. entfernen.

2 Aprikosen, Feigen und Cranberrys mit den Blumenkohlröschen und der Currysauce vermischen. Alles auf dem Dämpfkorb verteilen und diesen in den Topf stellen. Die Brühe zum Kochen bringen, den Topf mit einem passenden Deckel verschließen und den Kohl in 12–15 Min. bissfest dämpfen.

3 Inzwischen die Petersilie waschen, trocken schleudern und die Blättchen hacken. Die Salatgurke waschen oder schälen und grob raspeln. Etwa zwei Drittel der Petersilie mit Gurken, Quark, Joghurt und Zitronensaft verrühren und mit Salz und Pfeffer würzen. Zum Servieren den Blumenkohl mit den Früchten in eine Schüssel geben. Die Gurkencreme mit der restlichen Petersilie bestreuen und dazu reichen.

TIPP Wenn Sie Blumenkohl und Früchte abkühlen lassen und mit der Gurkencreme mischen, haben Sie ein tolles Gericht für die Lunchbox. Auch der Dämpfsud lässt sich noch weiter verwerten: Einfach durch ein Sieb abgießen und als Basis für eine feine Cremesuppe verwenden – es stecken nämlich reichlich Vitamine drin!

MÖHREN-SPAGHETTI MIT PILZEN

600 g dicke Möhren | Salz | Pfeffer | gemahlener Koriander | 3 EL Ahornsirup | 2 Zwiebeln | 400 g feste Champignons (ersatzweise Kräuterseitlinge oder Austernpilze) | 2 EL Olivenöl | 200 ml Gemüsebrühe | ½ Bund Petersilie | 200 g Hafercreme zum Kochen (ersatzweise Sojacreme)

Vegan und super-lecker 🌱

Für 4 Personen | 30 Min. Zubereitung
Pro Portion ca. 195 kcal, 5 g E, 12 g F, 15 g KH

1 Die Möhren schälen und mit dem Spiralschneider in lange, feine Streifen hobeln. Auf den Dämpfkorb geben, mit Salz, Pfeffer und Koriander würzen und mit dem Ahornsirup beträufeln. Die Zwiebeln schälen und in Spalten oder feine Ringe schneiden. Die Champignons putzen, je nach Größe ganz lassen oder halbieren.

2 Das Öl in einem weiten (mind. 24 cm ∅) Topf erhitzen, die Zwiebeln darin anbraten. Die Champignons dazugeben und ebenfalls leicht anbraten. Mit Salz und Pfeffer würzen, mit der Gemüsebrühe ablöschen. Den Dämpfkorb mit den Möhren hineinstellen, die Brühe aufkochen, den Topf mit einem passenden Deckel verschließen und die Möhren ca. 5 Min. dämpfen.

3 Die Petersilie waschen, trocken schütteln und die Blättchen hacken. Den Dämpfkorb aus dem Topf heben, die Möhren warm stellen. Die Hafercreme und zwei Drittel der Petersilie in die Pilzsauce geben, kurz aufkochen lassen, abschmecken und mit den Möhren-Spaghetti auf Tellern anrichten. Mit der übrigen Petersilie bestreuen.

KOHLRABI-ZWIEBEL-GEMÜSE

2 – 3 Kohlrabi (ca. 500 g; mit Grün) | 200 g Zwiebeln | 2 Frühlingszwiebeln | Salz | Pfeffer | 4 Stängel Petersilie

Leichtes für den Alltag

Für 4 Personen | 30 Min. Zubereitung
Pro Portion ca. 35 kcal, 2 g E, 0 g F, 6 g KH

1 Die Kohlrabiknollen waschen, zarte Blättchen abzupfen und beiseitelegen. Die Knollen schälen, in 2 cm dicke Scheiben und diese in breite Streifen schneiden. Die Zwiebeln schälen, in Viertel und diese in 5 mm dicke Scheiben schneiden. Die Frühlingszwiebeln putzen, waschen und schräg in Ringe schneiden.

2 Kohlrabi, Zwiebeln und Frühlingszwiebeln mischen und auf dem Dämpfkorb verteilen. Mit Salz und Pfeffer würzen. Etwa 350 ml Wasser in einen Topf (mind. 22 cm ⌀) gießen. Den Dämpfkorb in den Topf stellen, den Topf mit einem passenden Deckel verschließen, das Wasser aufkochen und das Gemüse 8 – 10 Min. bissfest dämpfen.

3 Die Petersilie waschen und trocken schütteln, die Blättchen mit den Kohlrabiblättchen hacken. Das Gemüse abschmecken und mit den gehackten Petersilien- und Kohlrabiblättchen bestreuen.

TIPP
Schmeckt toll als Beilage zu Schnitzel oder Bratwurst, ebenso aber zusammen mit Kartoffeln als vegetarisches Hauptgericht.

SPARGEL-MANGOLD-GEMÜSE

500 g grüner Spargel | 1 kleine Staude Mangold | 30 g Pinienkerne | 250 ml Gemüsebrühe | Salz | Pfeffer | 100 g Schmand | 100 g Mascarpone | 1 Handvoll Kerbel (ersatzweise glatte Petersilie)

Zarter Frühlingsgenuss

Für 4 Personen | 30 Min. Zubereitung
Pro Portion ca. 265 kcal, 7 g E, 23 g F, 6 g KH

1 Den Spargel waschen, das untere Drittel schälen, die Stangen in Stücke schneiden. Mangold putzen und waschen, die Stiele in sehr schmale, die Blätter in 1 – 2 cm breite Streifen schneiden.

2 In einem weiten Topf (mind. 22 cm Ø) die Pinienkerne unter gelegentlichem Wenden goldbraun rösten. Mit der Gemüsebrühe ablöschen. Den Dämpfkorb in den Topf stellen, mit den Mangoldstielen und dem Spargel (bis auf die Spitzen) befüllen und das Gemüse salzen und pfeffern.

3 Die Brühe aufkochen, den Topf mit einem passenden Deckel verschließen und das Gemüse 5 Min. dämpfen. Mangoldblätter und Spargelspitzen dazugeben, die Brühe erneut aufkochen und alles zugedeckt weitere 5 Min. bissfest dämpfen.

4 Den Dämpfkorb herausnehmen, das Gemüse warm halten. Schmand und Mascarpone zum Sud im Topf geben, bei Bedarf mit etwas Wasser auffüllen. Die Sauce durchrühren und aufkochen. Den Kerbel waschen, trocken schütteln, hacken, unter die Sauce ziehen und diese mit Salz und Pfeffer abschmecken. Das Gemüse mit der Sauce anrichten und servieren.

KRÄUTER-BOHNEN MIT GARNELEN

400 g breite grüne Bohnen | 200 g geschälte Garnelen | 5 Zweige Bohnenkraut | 3 Zweige Majoran | 2 Schalotten | 3 EL Olivenöl | Salz | Pfeffer | ¼ TL Chiliflocken | 400 ml Fischfond (aus dem Glas) | 100 g Frischkäse

Dinner for two

Für 2 Personen | 25 Min. Zubereitung
Pro Portion ca. 445 kcal, 29 g E, 30 g F, 14 g KH

1 Die Bohnen putzen, waschen und in Stücke schneiden. Die Garnelen kalt abbrausen und abtropfen lassen. Die Kräuter waschen, trocken schütteln, 4 Zweige Bohnenkraut für die Garnitur beiseitelegen, den Rest mit dem Majoran hacken. Die Schalotten schälen und hacken.

2 Die Kräuter und Schalotten in einer Schüssel mit Öl, Salz, Pfeffer und Chili vermischen. Die Bohnen und Garnelen untermischen und auf dem Dämpfkorb verteilen.

3 Den Fond in einen Topf (mind. 22 cm Ø) gießen und den Dämpfkorb hineinstellen. Den Fond zum Kochen bringen und die Bohnen und Garnelen zugedeckt 12 – 15 Min. dämpfen.

4 Den Dämpfkorb herausnehmen und Bohnen und Garnelen warm stellen. Den Fond bei starker Hitze bis auf 3 – 4 EL einkochen. Den Frischkäse unterrühren. Die Sauce mit Salz und Pfeffer abschmecken und mit den Bohnen und Garnelen anrichten. Dazu passt frisches Baguette.

TIPP

Wer keine Garnelen mag, dämpft Hähnchen zusammen mit den Bohnen und nimmt als Flüssigkeit Geflügelfond oder Gemüsebrühe.

CHINAKOHL-RÖLLCHEN MIT POLENTA

Ich mag es praktisch, deshalb kommen Abschnitte vom Chinakohl und der Maisgrieß nach dem Dämpfen in den Sud und werden so im Handumdrehen zur Beilage.

400 g Chinakohl
2 grobe, rohe Bratwürste
(ca. 200 g)
edelsüßes Paprikapulver
50 g kleine Kirschtomaten
40 g Instant-Polenta
(Maisgrieß)
Salz | Pfeffer
Basilikum zum Garnieren

Cleveres One-Pot-Cooking

Für 2 Personen |
30 Min. Zubereitung
Pro Portion ca. 190 kcal, 8 g E,
14 g F, 9 g KH

1 Den unteren Teil des Strunks beim Chinakohl entfernen, den Rest putzen, waschen und trocken schütteln. Bei den Blättern den festen weißen Stängel abschneiden und beiseitelegen. Das Brät der Würste aus der Pelle drücken und in gut daumendicke, 5–6 cm lange Stücke teilen. Die Kohlblätter ausbreiten, mit etwas Paprikapulver bestreuen, mit einem Wurströllchen belegen und aufrollen. Die Röllchen auf den Dämpfkorb legen, ggf. übrig gebliebene Kohlblätter beiseitelegen.

2 Etwa 300 ml Wasser in einen Topf (mind. 22 cm Ø) gießen, den Dämpfkorb hineinstellen, das Wasser aufkochen, den Topf mit einem passenden Deckel verschließen und die Röllchen ca. 15 Min. dämpfen. Inzwischen die Chinakohlstängel und die restlichen Blätter feinhacken. Die Tomaten waschen und vierteln.

3 Den Dämpfkorb aus dem Topf heben. Die kleingeschnittenen Kohlblätter in das Dämpfwasser geben und aufkochen. Die Polenta einrühren, leicht cremig kochen und mit Salz und Pfeffer abschmecken. Die Polenta mit den Chinakohl-Röllchen und Kirschtomaten anrichten. Mit Basilikum garnieren.

TIPP Lust auf ein Begleitsößchen? Zu den Chinakohl-Röllchen mit Polenta passt perfekt eine pikante Tomatensauce, die mit frischem Basilikum verfeinert wurde.

ZUCCHINI-NUDELN MIT CHORIZOSAUCE

600 g große Zucchini | 250 g Chorizo-Würste | 2 große Zwiebeln | 2 EL Olivenöl | 300 ml Gemüsebrühe | 2 TL getrockneter Thymian | Salz | Pfeffer | 3 EL Tomatenmark

One Pot & Low Carb

Für 4 Personen | 30 Min. Zubereitung
Pro Portion ca. 325 kcal, 16 g E, 26 g F, 6 g KH

1 Die Zucchini waschen, mit einem Spiralschneider nudelartig aufschneiden oder mit einem Sparschäler längs in schmale Streifen hobeln. Die Chorizo-Würste in dünne Scheiben schneiden. Die Zwiebeln schälen und klein würfeln.

2 Das Öl in einem Topf (mind. 22 cm Ø) erhitzen und die Chorizo darin anbraten. Die Zwiebeln dazugeben und mit anschwitzen. Mit der Brühe ablöschen, mit Thymian, Salz und Pfeffer würzen.

3 Die Hälfte der Zucchininudeln auf dem Dämpfkorb verteilen und leicht salzen. Den Dämpfkorb in den Topf stellen, die Brühe aufkochen, den Topf mit einem passenden Deckel verschließen und die Zucchini in 3 – 4 Min. bissfest dämpfen. Die Zucchini herausnehmen und warm halten, dann die übrigen Zucchini ebenso dämpfen.

4 Den Dämpfkorb aus dem Topf nehmen. Das Tomatenmark zu Chorizo und Zwiebeln in den Sud geben, alles gründlich verrühren, bei Bedarf wenig Wasser angießen und die Sauce abschmecken. Die Sauce mit den Zucchini-Nudeln anrichten.

TIPP

Sie mögen's lieber bunt? Dann eine Mischung aus Möhren und Zucchini dämpfen und so für Farbe und Abwechslung sorgen.

ZUCCHINI MIT COUSCOUSFÜLLUNG

2 dicke Zucchini (je ca. 400 g) | 125 g Couscous | 300 ml Gemüsebrühe | 1 kleine, mehlig kochende Kartoffel | Salz | Pfeffer | 2 EL Schnittlauchröllchen | 2 EL Rosinen | 1–2 TL Ras el Hanout (ersatzweise Currypulver) | 100 g Schmand

Sommerlich leicht

Für 4 Personen | 30 Min. Zubereitung
Pro Portion ca. 240 kcal, 8 g E, 7 g F, 36 g KH

1 Die Zucchini putzen, waschen, in ca. 4 cm dicke Stücke schneiden und mit einem Kugelausstecher vorsichtig aushöhlen, sodass ein Boden stehen bleibt. Den Couscous mit 125 ml kochendem Wasser übergießen und ca. 10 Min. quellen lassen.

2 Die Gemüsebrühe in einen weiten Topf (mind. 24 cm ∅) gießen und die Zucchinistücke vom Aushöhlen hineingeben. Die Kartoffel schälen, grob raspeln und ebenfalls dazugeben. Den Couscous mit Salz, Pfeffer, Schnittlauch, Rosinen und Ras el Hanout mischen und abschmecken. Die Zucchini mit dem Couscous füllen, auf den Dämpfkorb setzen und diesen in den Topf stellen.

3 Die Brühe aufkochen, den Topf mit einem passenden Deckel verschließen und die Zucchini 10 Min. dämpfen. Den Dämpfkorb aus dem Topf heben. Den Schmand zu Kartoffeln und Zucchini geben, alles pürieren, die Sauce abschmecken und zu den Zucchini servieren.

TIPP

Besonders appetitlich sieht alles aus, wenn Sie bei den Zucchini je 1 gelbes und 1 grünes Exemplar kaufen.

LAUCHGEMÜSE MIT ZITRONENSAUCE

2 zarte Lauchstangen (ca. 400 g) | 1 Süßkartoffel (ca. 300 g) | 1 große Bio-Zitrone | 1 feste Birne | 30 g Mandelstifte | 350 ml Gemüsebrühe | 4 Stängel Basilikum | 100 g Frischkäse | Salz | Pfeffer

Herrlich unkompliziert 🌿

Für 4 Personen | 30 Min. Zubereitung
Pro Portion ca. 215 kcal, 6 g E, 11 g F, 21 g KH

1 Den Lauch putzen, längs schlitzen, in 1–2 cm dicke Ringe schneiden, in einem Sieb gründlich waschen und abtropfen lassen. Die Süßkartoffel schälen und in 1–2 cm große Würfel schneiden.

2 Die Zitrone heiß waschen, trocken tupfen, von der Schale Zesten abziehen, den Saft auspressen. Die Birne waschen, trocken tupfen, vierteln, das Kernhaus entfernen und mit etwas Zitronensaft

beträufeln. Lauch, Süßkartoffeln und Birnen vermischen und auf den Dämpfkorb legen.

3 Die Mandeln in einen Topf (mind. 20 cm Ø) geben und unter Rühren goldbraun rösten. Die Gemüsebrühe angießen und den Dämpfkorb hineinstellen. Übrigen Zitronensaft und -schale über Lauch, Süßkartoffeln und Birnen verteilen.

4 Die Brühe aufkochen, den Topf mit einem passenden Deckel verschließen und alles ca. 8 Min. dämpfen. Inzwischen das Basilikum waschen und die Blättchen in feine Streifen schneiden. Den Dämpfkorb herausnehmen. Frischkäse und Basilikum unter den Sud rühren, die Sauce aufkochen, abschmecken und über das Lauchgemüse geben.

TOMATEN MIT FETA-REIS-FÜLLUNG

4 große feste Tomaten (zusammen ca. 700 g) | Salz | Pfeffer | 1 Frühlingszwiebel | 60 g Schafskäse (Feta) | 100 g gekochter Reis (vom Vortag) | 30 g Mandelstifte | 1 EL Rosinen | ¼ TL Pul Biber (oder Chiliflocken) | 500 ml Gemüsebrühe

Tolle Resteverwertung

Für 4 Personen | 30 Min. Zubereitung
Pro Portion ca. 150 kcal, 6 g E, 7 g F, 13 g KH

1 Die Tomaten waschen, auf der unteren Seite jeweils einen Deckel abschneiden und diese beiseitelegen. Die Tomaten vorsichtig aushöhlen, ohne die Hülle zu verletzen. Die Tomaten innen mit Salz und Pfeffer würzen.

2 Die Frühlingszwiebel waschen, putzen und in sehr feine Ringe schneiden. In eine Schüssel geben und den Feta dazubröckeln. Den Reis, die Mandelstifte, die Rosinen und etwas Pul Biber ebenfalls dazugeben, alles mischen und mit etwas Pfeffer nachwürzen. Die Tomaten damit füllen und auf den Dämpfkorb setzen.

3 Die Brühe in einnm Topf (mind. 24 cm Ø) gießen, den Dämpfkorb hineinstellen, den Topf mit einem passenden Deckel verschließen, die Brühe aufkochen und die Tomaten 8 – 10 Min. dämpfen. Heiß oder nach Belieben auch lauwarm servieren.

TIPP
Die Füllung ist auch lecker mit gekochten Nudeln oder klein gewürfeltem Brot. Statt Feta passt auch ein anderer aromatischer Käse sehr gut, etwa Scamorza.

FLEISCH UND FISCH

Fisch gare ich schon seit vielen Jahren gerne im Dampf – dort zerfällt er nicht und kommt garantiert heil und aromatisch auf den Teller. Bei Fleisch war ich zugegebenermaßen zunächst skeptisch – umso größer sind jetzt jedoch die kulinarischen Freuden über super-saftiges Hähnchen, kräuterwürziges Schweine-filet und Lamm im Wirsingmantel. Lassen auch Sie sich überzeugen!

HÄHNCHEN MIT MANDEL-GEMÜSE

Erst kommen nur die Möhren in den Dämpfkorb, dann das feinere Gemüse und das marinierte Fleisch. So wird alles zart und doch bissfest gegart.

400 g Hähnchenbrustfilet (ohne Haut)
½ Bund Zitronenmelisse (ersatzweise Minze oder Thymian)
1 EL Nussöl (ersatzweise Olivenöl)
2 EL Sojasauce
Salz | Pfeffer
200 g bunte Möhren
100 g Zuckerschoten
250 g grüner Spargel
3 kleine Frühlingszwiebeln
500 ml Geflügelbrühe
1 große Zwiebel
30 g Mandelblättchen
100 g Crème fraîche
2 EL Saucenbinder (ersatzweise lösliche Haferflocken)

Bunt & gesund

Für 4 Personen |
40 Min. Zubereitung
Pro Portion ca. 395 kcal, 28 g E,
26 g F, 14 g KH

1 Das Hähnchenbrustfilet kalt abbrausen, trocken tupfen und mundgerecht würfeln. Die Zitronenmelisse waschen, trocken schütteln und die Blättchen hacken. Hähnchen und Melisse in einer Schüssel mit Nussöl, Sojasauce, etwas Salz und Pfeffer mischen. Die Schüssel zugedeckt beiseitestellen.

2 Das Gemüse putzen und waschen. Die Möhren sehr schräg in dünne Scheiben schneiden, die Zuckerschoten schräg halbieren, die Spargelstangen und die Frühlingszwiebeln dritteln.

3 Die Geflügelbrühe in einen weiten Topf (mind. 22 cm ∅) gießen. Die Zwiebel schälen, fein würfeln und unter die Brühe mischen. Den Dämpfkorb hineinstellen, die Möhren darauf verteilen. Die Brühe aufkochen, einen passenden Deckel auf den Topf legen und die Möhren 6 Min. dämpfen. Das übrige Gemüse und die Hähnchenstücke mit der Marinade daraufgeben, alles weitere 8 Min. bissfest dämpfen.

4 Inzwischen die Mandeln in einer beschichteten Pfanne ohne Fett unter Rühren goldbraun rösten. Gemüse und Hähnchen in eine Schüssel geben, mit den Mandeln mischen und zugedeckt warm stellen. Die Crème fraîche und den Saucenbinder unter die Zwiebelbrühe rühren und 1 – 2 Min. sämig köcheln lassen. Die Sauce abschmecken und mit Gemüse und Hähnchen servieren.

SCHWEINEFILET MIT KNUSPERKRUSTE

600 g Schweinefilet (am Stück) | 4 EL Soja-sauce | 1–2 TL 5-Gewürze-Pulver | Pfeffer | 40 g geröstete gesalzene Cashewkerne | ½ Bund Petersilie | 1 Stange Zitronengras | Salz | 400 ml Fleischbrühe

Perfekt für Gäste

Für 4 Personen | 30 Min. Zubereitung | 30 Min. Marinieren
Pro Portion ca. 235 kcal, 35 g E, 5 g F, 5 g KH

1 Das Schweinefilet abbrausen und trocken tupfen, von Sehnen befreien, in 8 Scheiben schneiden und diese jeweils mit den Fingern etwas flacher drücken. Die Sojasauce in einer Schüssel mit dem 5-Gewürz-Pulver und dem Pfeffer verrühren. Die Schweinefiletscheiben darin wenden und mindestens 30 Min. zugedeckt marinieren.

2 Die Cashewkerne hacken. Die Petersilie waschen, trocken schütteln, die Blättchen fein hacken. Das Zitronengras putzen, harte Hüllblätter dabei entfernen, und den weichen »Kern« ebenfalls hacken. Nüsse, Kräuter und Zitronengras mischen, mit Salz und Pfeffer würzen.

3 Die Brühe in einen Topf (mind. 24 cm Ø) gießen. Die Medaillons auf den Dämpfkorb legen und mit der Nussmischung bestreuen. Den Dämpfkorb in den Topf stellen, die Brühe aufkochen, den Topf mit einem passenden Deckel verschließen und die Medaillons ca. 8 Min. dämpfen.

TIPP

Zur asiatischen Note der Schweinemedaillons mit Knusperkruste passt besonders gut nicht zu weich gegarter Basmatireis.

SCHARFE TOMATEN-MEDAILLONS

2 EL Tomatenmark | 2 EL Tomatenketchup |
2 TL Sambal Oelek | 2 EL Rapsöl | 2 TL getrock-
neter Majoran | Salz | Pfeffer | 600 g Schweine-
filet (am Stück) | 1 Zwiebel | 1 Knoblauchzehe |
400 ml Fleischbrühe | 100 g Frischkäse |
2 EL Schnittlauchröllchen

Schnell und gästefreundlich

Für 4 Personen | 20 Min. Zubereitung
Pro Portion ca. 295 kcal, 35 g E, 15 g F, 5 g KH

1 Das Tomatenmark und das Ketchup mit dem
Sambal Oelek, 1 EL Rapsöl, dem Majoran sowie etwas Salz und Pfeffer verrühren. Das Schweinefilet
kalt abbrausen, trocken tupfen, von Häuten und
Sehnen befreien, in 2 cm dicke Scheiben schneiden und anschließend in der Marinade wenden.
Die Schweinefiletscheiben leicht überlappend auf
dem Dämpfkorb verteilen.

2 Die Zwiebel schälen und klein würfeln. 1 EL Öl in
einem weiten Topf (mind. 22 cm ⌀) erhitzen und
die Zwiebeln darin goldgelb anbraten. Den Knoblauch schälen, dazupressen und kurz mitbraten,
dann die Fleischbrühe angießen. Den Dämpfkorb
hineinstellen, die Brühe aufkochen, den Topf mit
einem passenden Deckel verschließen und das
Fleisch ca. 8 Min. dämpfen.

3 Den Dämpfkorb herausheben, das Fleisch zugedeckt warm stellen. Den Frischkäse mit dem
Schneebesen in den Dämpfsud rühren und bei
starker Hitze in 3 – 4 Min. sämig einkochen. Die
Sauce abschmecken, mit den Medaillons anrichten und diese mit Schnittlauchröllchen bestreuen.

PAPRIKA-PUTENBRUST

4 EL Olivenöl | 1 EL Sojasauce | 1 TL geräuchertes Paprikapulver (ersatzweise edelsüßes Paprikapulver) | Salz | Pfeffer | 2 TL getrockneter Thymian | 600 g Putenbrustfilet | 1 grüne Paprika | 400 ml Bier (ersatzweise kräftige Geflügelbrühe) | 100 g Crème fraîche | 2 – 3 EL Ajvar (ersatzweise Tomatenmark) | 2 – 3 EL lösliche Haferflocken

Aromatische Kombi

Für 4 Personen | 20 Min. Zubereitung |
30 Min. Marinieren
Pro Portion ca. 450 kcal, 39 g E, 23 g F, 10 g KH

1 Olivenöl mit Sojasauce, Paprikapulver, Salz, Pfeffer und Thymian verrühren. Das Putenbrustfilet abbrausen, trocken tupfen, in 3 cm große Würfel schneiden, in der Marinade wenden und 30 Min. zugedeckt marinieren.

2 Inzwischen die Paprikaschote halbieren, von Kernen, Stielansatz und Trennhäuten befreien, waschen und anschließend in mundgerechte Streifen oder Würfel schneiden.

3 Das Bier in einen Topf (mind. 20 cm ⌀) gießen, den Dämpfkorb hineinstellen, das Fleisch mitsamt der Marinade und die Paprikastücke darauf verteilen. Das Bier aufkochen, den Topf mit einem passenden Deckel verschließen und die Putenbrust und die Paprika 10 Min. dämpfen.

4 Den Dämpfkorb herausheben, das Fleisch zugedeckt warm stellen. Crème fraîche, Ajvar und Haferflocken mit einem Schneebesen unter den Biersud rühren und 1 – 2 Min. sämig köcheln. Die Sauce abschmecken und mit dem Fleisch servieren.

BALSAMICO-HÄHNCHEN MIT BUNTEN TOMATEN

300 g Hähnchenbrustfilet | 2 EL Aceto balsamico | 1 EL Tomatenmark | 1 TL scharfes Paprikapulver | 1 TL getrockneter Thymian | Salz | Pfeffer | 150 g kleine bunte Tomaten | ½ Bund Rucola | 2 EL Olivenöl

Blitzschnell & Low Carb

Für 2 Personen | 20 Min. Zubereitung
Pro Portion ca. 170 kcal, 17 g E, 10 g F, 3 g KH

1 Das Hähnchenbrustfilet kalt abbrausen, trocken tupfen und in 1 cm dicke Scheiben schneiden. Den Essig mit Tomatenmark, Paprikapulver, Thymian, Salz und Pfeffer verrühren. Das Fleisch darin wenden und auf dem Dämpfkorb ausbreiten. Die Tomaten waschen und zum Fleisch geben.

2 300 ml Wasser in einen Topf (mind. 20 cm ⌀) gießen und den Dämpfkorb hineinstellen. Das Wasser aufkochen, den Topf mit einem passenden Deckel verschließen und das Fleisch mit den Tomaten ca. 5 Min. dämpfen.

3 Inzwischen den Rucola waschen und trocken schütteln, etwas kleiner schneiden und auf 2 Teller geben. Hähnchen und Tomaten darauf anrichten, alles mit dem Olivenöl beträufeln und mit Salz und Pfeffer bestreut servieren.

TIPP

Wer keinen Wert auf »Low Carb« legt, serviert zum Hähnchen bissfest gegarte Bandnudeln. Auch frisches Baguette passt gut dazu.

JAPAN-BOWL MIT HONIG-HUHN

Das perfekte One-Pot-Gericht für alle, die gerne mit wenig Geschirr auskommen. Das Gemüse gart im Topf, das marinierte Hähnchen darüber im Korb. Einfach klasse!

15 g Ingwer
1 kleine Knoblauchzehe
1 EL Orangensaft
1 EL Zitronensaft
1 EL flüssiger Honig
1 EL Sojasauce
Salz | Pfeffer
1 Prise gemahlener Kardamom
300 g Hähnchen-Innen-
brustfilets
1 Zwiebel
300 g Möhren
300 ml Gemüsebrühe
250 g Chinakohl
2 EL gehackte Petersilie

Lecker-leicht

Für 2 Personen |
20 Min. Zubereitung |
2 Std. Marinieren
Pro Portion ca. 315 kcal, 36 g E,
10 g F, 18 g KH

1 Den Ingwer und die Knoblauchzehe schälen und fein reiben. Beides mit Orangen- und Zitronensaft, Honig, Sojasauce, Salz, Pfeffer und Kardamom verrühren. Die Hähnchen-Innenbrustfilets kalt abbrausen, trocken tupfen, in der Marinade wenden und 2 Std. kalt gestellt marinieren.

2 Die Zwiebel schälen und in dünne Scheiben schneiden. Die Möhren schälen und in 5 mm dicke, schräge Scheiben schneiden. Die Zwiebeln und Möhren mit der Gemüsebrühe in einen Topf (mind. 22 cm ⌀) geben und zugedeckt ca. 5 Min. köcheln lassen.

3 Inzwischen den Chinakohl waschen und putzen, den harten Strunk dabei wegschneiden. Die Blätter in 1 cm breite Streifen schneiden. Den Chinakohl unter die Möhren im Topf mischen.

4 Den Dämpfkorb in den Topf stellen und das marinierte Hähnchenfleisch mitsamt der Marinade darauf verteilen. Die Brühe mit Möhren und Chinakohl erneut aufkochen, den Topf mit einem passenden Deckel verschließen und alles ca. 6 Min. dämpfen.

5 Den Dämpfkorb aus dem Topf heben. Möhren und Chinakohl in zwei tiefe Teller oder Bowls geben und mit dem Dämpfsud beträufeln. Das Hähnchenfleisch darauflegen und mit der Petersilie bestreut servieren.

APFEL-KASSELER MIT MINZE

1 große Zwiebel | 1 knackiger säuerlicher Apfel |
2 EL Zitronensaft | 1 kleine rote Chilischote |
Salz | Pfeffer | 1 EL Agavendicksaft | 2 Scheiben
Kasseler ohne Knochen (je ca. 150 g) |
2 – 3 Zweige Minze | 300 ml Apfelsaft

Fruchtig-scharf

Für 2 Personen | 30 Min. Zubereitung
Pro Portion ca. 165 kcal, 8 g E, 3 g F, 26 g KH

1 Die Zwiebel schälen, in nicht zu feine Ringe
schneiden oder hobeln und den Dämpfkorb damit
auslegen. Den Apfel waschen, vierteln, entkernen,
in schmale Spalten schneiden und diese mit
1 EL Zitronensaft beträufeln.

2 Die Chilischote halbieren, entkernen, waschen
und in feine Streifen schneiden. Mit übrigem Zitronensaft, Salz, Pfeffer und Agavendicksaft verrühren. Das Kasseler abbrausen, trocken tupfen, damit bestreichen, auf den Zwiebeln platzieren und
mit Apfelspalten belegen.

3 Die Minze waschen, trocken tupfen und in Streifen schneiden. Ein Drittel beiseitelegen, den Rest
mit dem Apfelsaft in einen Topf (mind. 22 cm ∅)
gießen. Den Dämpfkorb hineinstellen, den Saft
aufkochen, den Topf mit einem passenden Deckel
verschließen und das Kasseler 10 Min. dämpfen.

4 Kasseler, Zwiebeln und Äpfel in Teller geben
und warm halten. Den Dämpfsud durch ein Sieb
gießen und anschließend bei starker Hitze
1 – 2 Min. einkochen lassen, abschmecken und
nach Belieben über das Kasseler träufeln. Mit der
übrigen Minze bestreuen.

WIRSING-LAMM MIT FEIGEN

2 Lammlachse (je ca. 250 g) | 2 EL heller Honig (z.B. Akazienhonig) | Salz | Pfeffer | Cayennepfeffer | 8 große Wirsingblätter | 75 g getrocknete Feigen | 2 EL Balsamico-Creme

Überraschendes für Gäste

Für 4 Personen | 40 Min. Zubereitung
Pro Portion ca. 260 kcal, 27 g E, 7 g F, 22 g KH

1 Die Lammlachse abbrausen und trocken tupfen, parieren und in je 2 Stücke teilen. Honig mit Salz, Pfeffer und Cayennepfeffer verrühren, das Fleisch darin wenden. Die Wirsingblätter ggf. putzen, waschen, trocken schütteln und den Strunk keilförmig herausschneiden.

2 4 Wirsingblätter auf den Dämpfkorb legen. 500 ml Wasser in einen Topf (mind. 22 cm Ø) geben. Den Dämpfkorb hineinstellen, das Wasser aufkochen, den Topf mit einem Deckel verschließen und die Wirsingblätter 3 – 4 Min. dämpfen. Aus dem Dämpfkorb entnehmen, die übrigen Blätter hineingeben und ebenfalls dämpfen.

3 Je 2 gedämpfte Wirsingblätter überlappend aneinanderlegen und mittig je 1 mariniertes Fleischstück daraufsetzen. Die Feigen in schmale Streifen schneiden, auf das Lamm geben und mit Balsamico-Creme beträufeln.

4 Das Fleisch in den Wirsing einrollen und die Päckchen auf den Dämpfkorb legen. Das Wasser erneut aufkochen, den Deckel wieder schließen und die Päckchen ca. 10 Min. dämpfen.

FLEISCHBÄLLCHEN MIT ANANAS-CURRY-CREME

Hackfleisch aus dem Dampf? Unbedingt! Die Bällchen brauchen kein Fett zum Anbraten, zerfallen nicht und geraten wunderbar saftig. Leckerer geht's nicht!

30 g gehackte Mandeln
500 g mageres Rinder-
hackfleisch
1 Ei (M)
40 g zarte Haferflocken
1 TL getrockneter Majoran
1 TL gemahlener Kreuzkümmel
Salz | Pfeffer
500 ml Fleischbrühe
2 Scheiben frisches Ananas-
fruchtfleisch
1 Banane
2 EL Limettensaft
1 EL grüne Currypaste
2 EL Kokosnusspulver
(ca. 20 g)
2 EL Schnittlauchröllchen

Low Fat trotz Hackfleisch

Für 4 Personen |
40 Min. Zubereitung
Pro Portion ca. 465 kcal, 34 g E,
29 g F, 17 g KH

1 Die Mandeln in einer beschichteten Pfanne goldgelb rösten, herausnehmen und abkühlen lassen. Mit Hackfleisch, Ei, Haferflocken, Majoran, Kreuzkümmel, Salz und Pfeffer vermengen. Mit angefeuchteten Händen 16 Kugeln (je ca. 40 g) daraus formen und auf dem Dämpfkorb verteilen.

2 Die Brühe in einen weiten Topf (mind. 22 cm ∅) gießen, den Dämpfkorb hineinsetzen. Die Brühe aufkochen, den Topf mit einem passenden Deckel verschließen und die Fleischbällchen ca. 15 Min. dämpfen. Inzwischen die Ananas in kleine Würfel schneiden. Die Banane schälen und mithilfe einer Gabel zerdrücken, dabei Limettensaft und Currypaste einarbeiten.

3 Den Dämpfkorb aus dem Topf heben. Die Ananaswürfel, die Bananen-Mischung und das Kokosnusspulver zur Brühe in den Topf geben, gründlich verrühren und 3 – 4 Min. sprudelnd kochen lassen. Die Sauce abschmecken, mit den Fleischbällchen anrichten und mit Schnittlauchröllchen bestreuen. Dazu passt Reis.

VARIANTE MIT PIKANTER TOMATENSAUCE

Auch eine scharfe Tomatensauce passt super zu den Fleischbällchen. Dafür 1 Zwiebel schälen, klein würfeln und in 1 EL Öl goldbraun braten. 40 g Tomatenmark dazugeben und kurz mitschwitzen, mit 400 g gehackten Tomaten aus der Dose aufgießen, mit Salz, Pfeffer und Chiliflocken pikant würzen und 4 – 5 Min. sämig köcheln lassen.

SHERRY-LACHS MIT FENCHEL

4 Stücke Lachsfilet ohne Haut (je ca. 150 g) |
50 ml halbtrockener Sherry | Salz | Pfeffer |
3 Zweige Oregano | 50 g gemischte Oliven (ent-
steint) | 1–2 Fenchelknollen | 400 ml Fischfond
(aus dem Glas)

Spanien lässt grüßen

Für 4 Personen | 25 Min. Zubereitung
Pro Portion ca. 355 kcal, 56 g E, 22 g F, 5 g KH

1 Die Lachsfilets kalt abbrausen, trocken tupfen,
mit Sherry einreiben, mit Salz und Pfeffer würzen
und auf den Dämpfkorb legen. Den Oregano waschen, die Blättchen abzupfen und nach Belieben
etwas kleiner hacken. Die Oliven grob hacken. Beides auf den Lachsfilets verteilen.

2 Den Fenchel putzen, das Grün beiseitelegen,
den Fenchel waschen und in nicht zu feine Streifen
schneiden. Den Fond in einen weiten Topf
(mind. 24 cm Ø) gießen und die Fenchelstreifen
zugeben. Den Dämpfkorb hineinstellen, den Fond
aufkochen, den Topf mit einem passenden Deckel
verschließen und den Fisch 8 Min. dämpfen.

3 Den Dämpfkorb herausheben und die Lachsfilets auf Teller anrichten. Den Fenchel mit einem
Schaumlöffel aus dem Fond heben und zum Lachs
geben. Das Fenchelgrün grob hacken und auf den
Lachs und das Gemüse streuen.

TIPP
Tiefgekühlte Lachsschnitten vor der Verwen-
dung zugedeckt im Kühlschrank oder bei ganz
geringer Leistung in der Mikrowelle behutsam
auftauen lassen.

FISCHPÄCKCHEN À LA SALTIMBOCCA

2 Bio-Zitronen | 4 Zweige Salbei | 800 g Kabeljaufilet | Salz | Pfeffer | etwas Cayennepfeffer | 60 g kleine magere Schinkenwürfel | 4 EL aromatisches Olivenöl

Schnell fertig

Für 4 Personen | 20 Min. Zubereitung
Pro Portion ca. 245 kcal, 38 g E, 10 g F, 0 g KH

1 Die Zitronen heiß waschen und trocken reiben. 1 Zitrone in dünne Scheiben schneiden und diese auf dem Dämpfkorb ausbreiten. Von der zweiten Zitrone hauchdünn etwas Schale abschneiden und diese fein hacken, den Saft auspressen. Den Salbei waschen und trocken tupfen.

2 Das Kabeljaufilet abbrausen und trocken tupfen. In acht Stücke schneiden, mit Zitronensaft, Salz, Pfeffer und Cayennepfeffer würzen. 4 Fischstücke mit einigen Salbeiblättern belegen, den restlichen Salbei im Dämpfkorb verteilen. Die Schinkenwürfel auf den Salbei-Fisch geben, die restlichen Fischstücke darauflegen und andrücken. Die Päckchen in den Dämpfkorb setzen.

3 Etwa 300 ml Wasser in einen weiten Topf (mind. 22 cm Ø) gießen und den Dämpfkorb hineinstellen. Das Wasser aufkochen, den Topf mit einem passenden Deckel verschließen und die Fischpäckchen je nach Dicke 8 – 10 Min. dämpfen.

4 Die Fischpäckchen vorsichtig aus dem Dämpfkorb heben und auf Teller anrichten. Nach Geschmack salzen, mit Olivenöl beträufeln und mit gehackter Zitronenschale bestreuen.

VENEZIANISCHE DORADENFILETS

1 gelber Zucchino | 1 Zwiebel | 6 Stängel Basilikum | 1 Knoblauchzehe | 4 weiche getrocknete Tomaten | Salz | Pfeffer | 1 Prise Zimtpulver | 2 EL Olivenöl | 1 EL Zitronensaft | 4 Doradenfilets (ohne Haut; je ca. 150 g) | 300 ml Fischfond (Glas, ersatzweise Gemüsebrühe)

Feinstes Mittelmeer-Feeling

Für 4 Personen | 20 Min. Zubereitung
Pro Portion ca. 300 kcal, 33 g E, 17 g F, 2 g KH

1 Den Zucchino waschen, putzen, in 1 cm dicke Scheiben schneiden und auf dem Dämpfkorb ausbreiten. Zwiebel schälen, in feine Ringe schneiden und auf die Zucchini geben.

2 Basilikum waschen und trocken tupfen, einige Blättchen zum Garnieren beiseitelegen, den Rest hacken. Knoblauch schälen und stifteln. Tomaten in Stücke schneiden. Das gehackte Basilikum mit Knoblauch, Tomaten, Salz, Pfeffer, Zimt, Olivenöl und Zitronensaft mischen.

3 Die Doradenfilets kalt abbrausen, trocken tupfen und mit Salz und Pfeffer würzen. Die gewürzten Fischfilets auf den Zucchinischeiben und Zwiebelringen platzieren. Die Basilikum-Tomaten-Mischung daraufgeben.

4 Den Fond in einen weiten Topf (mind. 22 cm Ø) gießen und den Dämpfkorb hineinstellen. Den Fond aufkochen, den Topf mit einem passenden Deckel verschließen und alles ca. 8 Min. dämpfen. Die Doradenfilets mit dem Gemüse auf Teller anrichten und mit Basilikumblättchen garnieren.

FISCHFILET MIT SPINATHAUBE

250 g TK-Blattspinat | 2 Fischfilets (z. B. Rotbarsch, à ca. 150 g) | 1 EL Zitronensaft | Salz | Pfeffer | 1 Schalotte | 1 EL Pinienkerne | 1 EL Rosinen | 1 Prise Chiliflocken | 300 ml Fischfond (Glas, ersatzweise Gemüsebrühe) | 1 große rote Zwiebel | 1 TL getrockneter Oregano | 100 g Crème fraîche

Saftiges Vergnügen

Für 2 Personen | 30 Min. Zubereitung
Pro Portion ca. 460 kcal, 35 g E, 30 g F, 11 g KH

1 Den Spinat auftauen. Die Fischfilets kalt abwaschen, trocken tupfen, mit Zitronensaft beträufeln, auf beiden Seiten mit Salz und Pfeffer würzen und auf den Dämpfkorb legen.

2 Den Spinat gut ausdrücken und hacken. Schalotte schälen und fein würfeln. Pinienkerne grob hacken, beides mit den Rosinen unter den Spinat mischen. Mit Salz, Pfeffer und Chiliflocken würzen und auf den Fischfilets verteilen.

3 Den Fond in einen weiten Topf (mind. 22 cm Ø) gießen. Die Zwiebel schälen, in Scheiben schneiden und mit dem Oregano in den Fischfond geben. Den Dämpfkorb hineinstellen, den Fond aufkochen, den Topf mit einem passenden Deckel verschließen und die Fischfilets ca. 8 Min. dämpfen.

4 Die Fischfilets auf Teller setzen. Die Zwiebeln mit einem Schaumlöffel aus dem Fond nehmen und zum Fisch geben. Die Crème fraîche einrühren, 1 Min. kochen lassen und abschmecken. Die Sauce nach Belieben über den Fisch und die Zwiebeln träufeln oder separat dazu reichen.

REGISTER

Damit Sie die Rezepte mit bestimmten Zutaten noch schneller finden, sind in diesem Register auch beliebte Zutaten wie **Bohnen** oder **Rindfleisch** alphabetisch eingeordnet und hervorgehoben. Darunter finden Sie das Rezept Ihrer Wahl. Vegetarische Rezepte, die im Buch mit einem 🍃 gekennzeichnet sind, sind hier grün abgesetzt.

Projektleitung: Sabine Sälzer
Lektorat: Bärbel Schermer
Korrektorat: Ulrike Wagner
Innen- und Umschlaggestaltung: independent Medien-Design, Horst Moser, München
Herstellung: Mendy Willerich
Satz: Kösel, Krugzell
Reproduktion: medienprinzen GmbH, München
Syndication:
www.seasons.agency
Printed in China

2. Auflage 2018
ISBN 978-3-8338-6459-9

 www.facebook.com/gu.verlag

Die Autorin

Angelika Ilies ist seit vielen Jahren als freie Autorin und Food-Journalistin tätig und hat bei GU schon mehrere erfolgreiche Kochbücher geschrieben. Sie liebt die schnelle unkomplizierte Küche und überrascht ihre Familie gern mit immer neuen Kreationen, bei denen sie oft Klassisches durch ungewöhnliche Zutaten und Aromen abwandelt.

Die Fotografin

Vivi D'Angelo, Fotografin in München, hat eine Leidenschaft für gutes Essen und ein Händchen dafür, jedes Gericht im besten Licht zu präsentieren. In diesem Buch hat sie mit Dampf gezaubert – unterstützt von **Ana Novais**, (Foodstyling) die meist in Porto lebt und dort ein Catering mit dem Namen „Petiscos e Miminhos" betreibt.

Bildnachweis

Coverfoto: Silvio Knezevic, Autorenfoto: privat, alle anderen Fotos: Vivi D'Angelo

Titelrezept

Filosäckchen mit Sojadip (S. 20)

Liebe Leserin, lieber Leser,

haben wir Ihre Erwartungen erfüllt? Sind Sie mit diesem Buch zufrieden? Haben Sie weitere Fragen zu diesem Thema? Wir freuen uns auf Ihre Rückmeldung, auf Lob, Kritik und Anregungen, damit wir für Sie immer besser werden können.

GRÄFE UND UNZER Verlag
Leserservice
Postfach 86 03 13
81630 München
E-Mail:
leserservice@graefe-und-unzer.de

Telefon: 00800 / 72 37 33 33*
Telefax: 00800 / 50 12 05 44*
Mo–Do: 9.00 – 17.00 Uhr
Fr: 9.00 – 16.00 Uhr
(* gebührenfrei in D, A, CH)

Ihr GRÄFE UND UNZER Verlag
Der erste Ratgeberverlag – seit 1722.

Backofenhinweis:

Die Backzeiten können je nach Herd variieren. Die Temperaturangaben in unseren Rezepten beziehen sich auf das Backen im Elektroherd mit Ober- und Unterhitze und können bei Gasherden oder Backen mit Umluft abweichen. Details entnehmen Sie bitte Ihrer Gebrauchsanweisung.

GRÄFE UND UNZER

Ein Unternehmen der
GANSKE VERLAGSGRUPPE

Appetit auf mehr?

FEINE DESSERTS MIT GRIESS

Desserts aus dem Dampf? Aber ja! Diese süßen Kreationen auf Grießbasis überzeugen große und kleine Naschkatzen gleichermaßen. Und schnell zubereitet sind sie sowieso!

VANILLEKLÖSSCHEN MIT ZIMTZUCKER

Für 4 Personen: 200 ml Milch mit 1 EL Zucker, 1 TL gemahlener Vanille, 50 g Butter und 1 Prise Salz aufkochen. 70 g Dinkelgrieß einrieseln lassen und unter Rühren 2 Min. leise köcheln lassen. Vom Herd nehmen und mit einem Schneebesen 1 Ei (S) unterrühren. Die Masse mit zwei Esslöffeln zu länglichen Klößchen formen und diese auf den gefetteten Dämpfkorb geben (das Fetten ist bei Silikonkörben nicht nötig). Etwa 300 ml Wasser in einen weiten Topf (mind. 24 cm Ø) gießen und den Dämpfkorb hineinstellen. Das Wasser aufkochen, den Topf mit einem passenden Deckel verschließen und die Vanilleklößchen ca. 10 Min. dämpfen. In Zimtzucker wenden und servieren.

APRIKOSEN-GRIESS

Für 4 Personen: 125 g Quark mit 1 Ei (M), 2 EL Zucker, 30 g Weichweizengrieß, ½ TL Backpulver und ½ TL fein abgeriebene Bio-Orangenschale verrühren. 4 Schnappverschluss-Gläser (mind. 100 ml Inhalt) oder ofenfeste Förmchen ausbuttern und mit der Grießmasse befüllen. 2 Aprikosen waschen, halbieren, entsteinen und in Spalten schneiden. Die Aprikosen auf der Grießmasse verteilen und mit 1 TL gehackten Pistazienkernen bestreuen. 400 ml Wasser in einen Topf (mind. 24 cm Ø) gießen, den Dämpfkorb hineinstellen und die Förmchen daraufstellen. Das Wasser aufkochen, den Topf mit einem Deckel verschließen und den Aprikosen-Grieß ca. 20 Min. dämpfen.